© Hafid Halhol
ISBN : 9798870270456
Conception de la couverture : Fabrice Brianson
Maquette intérieure et mise en pages : Hélène Moreau
Independently published

LETTRE À LA GÉNÉRATION FAST FOOD

Docteur Hafid Halhol

LETTRE À LA GÉNÉRATION FAST FOOD

NON-ASSISTANCE
À ADOLESCENTS EN DANGER

Nutrileading.net

AVANT-PROPOS

Un appel urgent au changement

Nous sommes aujourd'hui témoins d'une épidémie silencieuse et dévastatrice : la montée en puissance de la malbouffe. Les fast-foods omniprésents, les aliments transformés et les sodas sucrés sont en train de miner la santé de nos jeunes et d'empoisonner leur avenir.

Ma position, en tant que médecin nutritionniste, n'est pas seulement celle d'un expert en matière de nutriments et de régimes alimentaires. C'est aussi celle d'un observateur attentif, un témoin des évolutions alarmantes qui se dessinent dans les choix alimentaires de nos jeunes. C'est un appel à l'action, un rappel que la nourriture ne se limite pas à la satiété physique, mais qu'elle sculpte la croissance, le développement et le bien-être mental.

Dans la pratique de mon métier, j'ai vu de près les conséquences d'une alimentation déséquilibrée. J'ai constaté les effets silencieux mais profonds de la malbouffe sur la vitalité et la résilience des adolescents et jeunes. J'ai été témoin des troubles métaboliques sournois et des batailles intérieures que notre relation avec la nourriture peut déclencher.

Aujourd'hui, je ne peux pas rester silencieux. Le rôle d'un médecin va au-delà du traitement des symptômes ; c'est un appel à la prévention, à l'éducation et à la transformation. Dans ce monde en constante mutation, où les tentations de la malbouffe abondent, et où la santé mentale des jeunes est plus fragile que jamais, il est temps de se lever. Il est temps de faire entendre une voix forte, celle de la raison et de la responsabilité, celle qui dénonce les habitudes nocives et offre un chemin vers une santé holistique.

Mon cri d'alarme n'est pas un cri d'impuissance, mais un appel à la conscience collective. Nous avons le pouvoir d'inculquer des choix alimentaires éclairés et durables, de modeler une relation saine avec la nourriture dès le plus jeune âge.

Écrivons une nouvelle histoire, une histoire de santé, de bonheur et d'espoir, pour nos enfants. La malbouffe, ce prédateur sournois, se glisse dans le quotidien de la jeune génération, s'accroche à leurs habitudes, et déchire en silence les fibres de leur bien-être.

Parents, chaque bouchée de malbouffe éloigne vos enfants de la voie saine, chaque verre de soda les prive de l'hydratation vitale. Leur bien-être actuel et futur est trop précieux pour être sacrifié. Il est temps de briser les chaînes de la facilité et de choisir la voie exigeante mais gratifiante de la nutrition éclairée.

Chers adolescents et jeunes, ne laissez pas la malbouffe vous voler votre vitalité, votre clarté mentale et vos rêves. Vous méritez de vous épanouir, de vous propulser vers des sommets. Apprenez comment faire les choix alimentaires qui vous seront bénéfiques.

Autorités et acteurs engagés, nous vous lançons un appel à l'action. Il est temps d'adopter des politiques éclairées qui restreignent la publicité et la disponibilité de la malbouffe auprès des jeunes. Investissez plus dans l'éducation nutritionnelle dans les écoles, créez des espaces verts accessibles et offrez des alternatives saines à chaque coin de rue.

Hafid Halhol,
novembre 2023

INTRODUCTION

Plongée dans la vie d'un ado de l'ère Fast-Food

Alex, 16 ans, se trouve au carrefour de l'adolescence, où l'envie d'indépendance et de découverte se mêle à une routine scolaire et sociale trépidantes. Chaque jour, après l'école, il rejoint ses amis à la cafétéria où les hamburgers alléchants et les frites dorées l'appellent de façon irrésistible. Pour lui, c'est une récompense bien méritée après une journée de cours, un geste de ralliement avec ses camarades. Pourquoi opter pour un repas fait maison quand il peut avoir un festin en quelques minutes ?

Les publicités colorées et les panneaux lumineux des fast-foods sont comme des sirènes qui attirent Alex dans leur univers. Ses repas se composent principalement de cheeseburgers, de sodas sucrés et de portions généreuses de frites. Il ne se préoccupe pas vraiment de ce qu'il met dans son assiette, convaincu que son métabolisme jeune peut digérer n'importe quoi.

Pourtant, les signes de changement commencent à se faire sentir. Alex constate qu'il se sent souvent fatigué, même après une nuit de sommeil. Ses performances à l'école s'effritent lentement, et sa concentration semble défaillante. L'estime de soi qu'il nourrit pendant des années vacille, car il prend conscience que son apparence physique ne reflète plus la confiance qu'il aimerait ressentir.

Les moments de frustration et de déception se dissipent rapidement dans le halo réconfortant de la malbouffe. Les hamburgers juteux et les frites croquantes sont devenus bien plus que de simples repas, ils sont devenus une échappatoire, une source de réconfort. Pourtant, cet engrenage ne fait qu'aggraver les choses.

Alex a du mal à comprendre pourquoi il ne peut pas simplement se sentir bien. Son esprit est confus, coincé entre les désirs de la facilité immédiate et les signaux alarmants que son corps lui envoie. Les cours sur la nutrition à l'école sont lointains, des informations vagues qu'il n'a jamais vraiment prises au sérieux.

Les années passent et le bilan s'accumule. La balance penche de plus en plus lourdement vers l'inconfort, la fatigue et le mal-être. Alex est désormais conscient que quelque chose doit changer, mais le chemin vers une alimentation équilibrée et une santé restaurée semble si ardu. Il réalise que l'éducation, les choix éclairés et la prise de conscience sont les clés pour briser le cycle qui l'emprisonne.

C'est un portrait fictif, mais reflète les réalités auxquelles de nombreux adolescents peuvent être confrontés lorsqu'ils sont attirés par le fast-food sans avoir la connaissance de ses effets à long terme sur leur santé. L'éducation et la sensibilisation jouent un rôle crucial pour aider les jeunes à prendre des décisions informées qui les guideront vers un avenir plus sain et plus épanoui.

Le rôle des adultes

Les parents, les éducateurs et les décideurs ont un rôle crucial à jouer en éduquant les adolescents sur les choix alimentaires éclairés. Les adolescents eux-mêmes doivent être armés d'informations pour prendre des décisions conscientes, pour comprendre que le prix de la gratification instantanée pourrait être payé par une santé compromise à long terme.

Il ne s'agit pas seulement de lutter contre la malbouffe, mais de cultiver une culture de la santé, de l'équilibre et du respect de soi. C'est en unissant vos voix, en éduquant nos jeunes et en exigeant des politiques alimentaires plus responsables que nous pouvons briser ce lien destructeur entre le fast-food et l'obésité chez les adolescents. Changer cette trajectoire exige des actions courageuses et concertées.

De la table à l'avenir : L'influence cruciale des parents

Les parents servent de modèle pour les enfants et les adolescents. Si les adultes ont des habitudes alimentaires saines, les jeunes sont plus susceptibles de suivre leur exemple. En revanche, si les adultes consomment régulièrement des repas riches en fast-food et en aliments peu nutritifs, les enfants considéreront cette alimentation comme la norme.

Les discussions autour de la table et les choix alimentaires des parents influencent les attitudes et les préférences des enfants en matière de nourriture.

Les adultes ont donc la responsabilité d'éduquer les enfants et les adolescents sur la nutrition et les choix alimentaires. Les parents peuvent enseigner aux jeunes l'importance d'une alimentation équilibrée et des repas faits à la maison, et les limites à respecter dans la consommation des aliments moins sains.

Cependant, il est également important de reconnaître que le contexte social, économique et culturel peut influencer ces choix alimentaires, et il peut être difficile pour certains parents de toujours offrir des repas équilibrés. L'accès aux aliments sains, le temps disponible pour cuisiner et les connaissances en matière de nutrition peuvent également jouer un rôle dans les décisions alimentaires des familles.

En fin de compte, sensibiliser les parents à l'impact de leurs choix alimentaires sur les enfants et les adolescents est une étape importante. Les adultes peuvent être des éducateurs positifs en adoptant des habitudes alimentaires saines, en ayant des conversations ouvertes sur la nutrition et en créant un environnement familial qui favorise les bons choix nutritifs.

En plus de l'éducation au sein de la famille, les écoles et les communautés peuvent également jouer un rôle dans l'éducation nutritionnelle. Des programmes d'éducation alimentaire à l'école et des campagnes de sensibilisation dans la communauté peuvent renforcer les messages de santé.

LE FAST-FOOD
un rôle croissant dans l'alimentation

67 % de la ration énergétique des jeunes américains !

La part des aliments transformés dans l'apport énergétique des jeunes américains continue de croître… au point de désormais représenter plus des deux tiers de leur apport calorique total.

Dans un pays où le taux d'obésité infantile n'a cessé d'augmenter au cours des deux dernières décennies, le lien entre la consommation d'aliments ultra-transformés et la prise de poids n'est plus à faire.

Deux tiers des apports énergétiques

Les aliments ultra-transformés s'arrogent une place de plus en plus grande dans l'apport énergétique total (AET) des jeunes, grimpant de 61,4 % à 67,0 % entre 1999 et 2018. Cette hausse est avant tout liée à la consommation de plats composés prêts à réchauffer ou à consommer (pizza, sandwich, hamburger...), qui bondit de 2,2 % à 11,2 %. L'hyper-disponibilité de ces produits et la taille des portions sont incriminées. En parallèle, sans doute sous l'effet des politiques de santé, la participation des boissons sucrées aux apports caloriques baisse de moitié (de 10,8 % à 5,3 %), et celle des graisses et huiles transformées, condiments et sauces plonge de de 7,1 % à 4,0 %. Néanmoins, la consommation de produits de boulangerie sucrés (gâteaux, tartes, biscuits, brownies, beignets) et de snacks sucrés (bonbons et glaces) croît.

Toutes les catégories d'enfants concernées

Les 6-11 ans représentent les plus gros consommateurs de produits transformés (69 % de l'AET), suivis des 12-18 ans (67,7 %), tandis que la consommation de ces produits s'avère un peu plus faible chez les enfants pré-scolaires de 2-5ans (61,1 % tout de même !). Des différences ethniques sont observées : la part d'énergie provenant de la consommation d'aliments ultra-transformés croît plus vite chez les jeunes Afro-Américains (+ 10,3 %, de 62,2 % à 72,5 %) et les jeunes Américains d'origine mexicaine (+ 7,6 %, de 55,8 % à 63,5 %) que chez les jeunes blancs (+ 5,2 %, de 63,4 % à 68,6 %), qui étaient déjà fortement consommateurs en 1999. Le niveau d'éducation ou de revenus semble peu jouer, suggérant l'omniprésence de cette alimentation ultra-transformée dans le régime alimentaire de tous les jeunes Américains, malgré son profil nutritionnel pauvre et sa richesse en graisses saturées, en sucres et en additifs.

LE FAST-FOOD ET L'HUMEUR

Le fast-food n'est pas simplement une source de calories vides et de gras saturés. C'est un facteur clé qui contribue à la montée de l'obésité, du diabète de type 2, des maladies cardiaques et d'autres problèmes de santé alarmants qui touchent des millions de vies à travers le monde. Notre société moderne paie un prix exorbitant pour les «avantages» apparents de la commodité alimentaire rapide.

Le fast-food et l'obésité chez les adolescents

Les adolescents et les jeunes, en quête de repas rapides entre les cours, les activités et les moments entre amis, sont devenus les victimes d'une alliance dangereuse entre la facilité et l'obésité.

Les études révèlent un lien incontestable entre la consommation régulière de fast-food et l'augmentation alarmante du taux d'obésité chez les jeunes. Une recherche menée par le Center for Disease Control and Prevention (CDC) a confirmé que les adolescents qui consomment fréquemment des fast-foods ont un risque accru d'obésité et de problèmes de santé associés.

Mais comment ce lien s'est-il tissé ? Les fast-foods, gorgés de calories vides, de graisses saturées et de sucres ajoutés, offrent un festin tentant pour les papilles mais une menace silencieuse pour la santé. Les portions excessives et les choix alimentaires déséquilibrés sont devenus la norme, contribuant à des apports caloriques excessifs. Cette surcharge alimentaire, associée à une vie de plus en plus sédentaire, dominée par les écrans, crée un terrain fertile à l'obésité.

La dépression, cause et conséquence de l'obésité

Si vous fréquentez régulièrement les fasts-foods, vous avez peut-être déjà vu les kilos s'installer petit à petit.

Mais les effets du fast-food et des aliments ultra-transformés ne se limitent pas seulement à votre corps : votre cerveau peut aussi être impacté ! Bien que cela puisse paraître surprenant, manger trop de calories, de graisses, de sucres provoquerait de moins bonnes performances cognitives. La malbouffe aurait un effet néfaste sur les neurones, et cela parce qu'elle perturbe la flore intestinale.

Votre intestin, c'est la fabrique du bonheur !

En fait, votre intestin fabrique environ 95% de la sérotonine de votre corps - l'hormone du bonheur. Pour le dire simplement, une bonne nourriture aide à établir un lien fort avec le cerveau.

Les aliments ultra-transformés, comme les donuts vidés de leurs nutriments et les pâtisseries, peuvent entraver la production de ces hormones qui vous rendent heureux. Il a été démontré dans plusieurs études que l'inflammation peut favoriser une dépression.

Les aliments transformés peuvent également avoir des conséquences à court terme sur votre humeur. Les aliments sucrés augmentent la glycémie, ce qui peut entraîner une petite montée d'énergie, mais qui sera suivie d'une montée de fatigue et d'irritabilité.

Une consommation élevée d'aliments ultra-transformés est même susceptible d'induire une dépression, une anxiété et une mauvaise santé mentale.

Chez les ados, l'obésité et les troubles mentaux sont souvent associés. L'origine peut être diverse : la dépression peut être soit la cause d'une obésité, soit sa conséquence. En effet, la perte de l'élan vital symptomatique d'une dépression peut influencer la façon de manger en privilégiant la junk food.

Sur un autre plan, l'obésité engendre fréquemment une mauvaise image de soi et une stigmatisation sociale qui peut générer une dépression.

Huit conséquences méconnues de « la malbouffe » sur les ados !

Le Larousse définit la malbouffe comme des produits alimentaires de mauvaise qualité nuisibles à la santé.

1. Problèmes de mémoire

La malbouffe est riche en graisses saturées et en sucre, ce qui peut entraver l'apprentissage et la mémorisation. On a observé ce phénomène chez les enfants, chez qui des aliments comme les colas et les pâtes riches en sauces nocives ont un impact négatif sur la mémoire verbale.

2. La malbouffe peut rendre irritable

Des chercheurs canadiens ont découvert que la restauration rapide peut amener les gens à se sentir plus pressés ou impatients. Des chercheurs déclarent : « La restauration rapide permet aux gens de remplir leur estomac le plus rapidement possible et de passer à autre chose ».

3. Malbouffe + rapidité = gavage excessif

Sanford DeVoe, professeur agrégé à la Rotman School of Management de l'Université de Toronto, affirme que les personnes qui commencent à associer la restauration rapide à la rapidité et à la gratification instantanée dépensent souvent plus pour leur nourriture. Les personnes qui ont tendance à manger de la malbouffe ou de la restauration rapide font beaucoup plus de « folies » que celles qui prennent le temps de préparer les repas.

4. Le sucre créé de la dépendance !

Le sucre peut en effet créer une dépendance, et la malbouffe est souvent riche en sucre, ce qui peut entraîner une augmentation temporaire de l'énergie. Cette dépendance au sucre se développe parce que le corps s'adapte en supprimant la libération de dopamine et en devenant dépendant du sucre à la place.

Cassie Bjork, une diététicienne agréée (RD) et diététicienne autorisée (LD), fondatrice de Healthy Simple Life, affirme que le sucre peut créer une dépendance encore plus forte que la cocaïne.

Il est important de noter que la question de la dépendance au sucre est un sujet de débat parmi les experts de la nutrition et de la santé, mais de nombreuses personnes reconnaissent qu'elles ressentent une forte envie de sucre, ce qui peut être difficile à contrôler. Pour maintenir une alimentation saine, il est conseillé de limiter la consommation de sucre et de privilégier des choix alimentaires équilibrés.

5. Les habitudes alimentaires malsaines favorisent anxiété et stress

Les aliments riches en graisses saturées, en gras trans et en acides gras oméga-6 peuvent provoquer une inflammation, tandis que les glucides raffinés peuvent entraîner des fluctuations de votre glycémie. De petites quantités de ces graisses sont bénéfiques et nécessaires pour optimiser le fonctionnement de votre cerveau, mais lorsqu'elles sont consommées en excès, il est démontré qu'elles augmentent le sentiment d'anxiété. Le sucre et la caféine peuvent également entraîner un stress à court terme sur le corps, faisant battre le cœur plus vite.

6. La malbouffe stimule l'hyper-activité

Le benzoate de sodium dans la malbouffe peut entraîner un « high » agréable, entraînant une hyperactivité ou une sensation de nervosité. Sur des périodes prolongées, ces sentiments peuvent se transformer en sautes d'humeurs graves.

7. Les sautes d'humeur

De mauvaises habitudes alimentaires peuvent vous rendre physiquement et mentalement instable tout en provoquant de l'irritabilité. Vous pensez peut-être que c'est une bonne stratégie de chercher du réconfort dans la malbouffe lorsque vous vous sentez faible, mais les chercheurs de Penn State ont découvert le contraire. Dans leur expérience, bien qu'il n'y ait eu aucun changement (positif ou négatif) chez les participants qui se sentaient bien, ceux qui se sentaient déprimés se sentaient plus mal après s'être adonnés à la malbouffe.

8. Moins de maîtrise de soi

Les gras trans dans les aliments transformés peuvent empêcher votre cerveau de comprendre si vous avez suffisamment mangé ou non, ce qui entraîne une diminution de la maîtrise de soi.

Ceux qui consomment des aliments transformés sont susceptibles de manger plus. Dans une étude particulière, l'apport calorique a augmenté d'environ 500 calories par jour dans le groupe suivant un régime alimentaire ultra-transformé.

LE FAST-FOOD ET LE CERVEAU

Les aliments ultra-transformés altèrent la fonction cérébrale. Des études ont montré que ces régimes riches en sucres raffinés et en graisses saturées sont associés à une cognition altérée et à une diminution de la mémoire.

Certains ingrédients des aliments ultra-transformés, comme les additifs alimentaires et les édulcorants artificiels, pourraient affecter la plasticité cérébrale, c'est-à-dire la capacité du cerveau à s'adapter et à former de nouvelles connexions neuronales.

Les régimes riches en aliments ultra-transformés pourraient également augmenter le risque de maladies neurodégénératives telles que la maladie d'Alzheimer. Ces régimes sont souvent déficients en nutriments essentiels pour la santé cérébrale, comme les acides gras oméga-3 et les antioxydants. Les aliments ultra-transformés peuvent perturber l'équilibre de la flore intestinale. Cette perturbation, appelée dysbiose intestinale, est liée à des problèmes neurologiques tels que l'inflammation cérébrale et les troubles de l'humeur.

Les trois adversaires de votre cerveau

Les radicaux libres bombardent votre cerveau

Notre corps produit naturellement des radicaux libres, mais leur accumulation excessive peut contribuer au vieillissement et à divers problèmes de santé.

Votre cerveau est « oxydable » : il s'oxyde comme un métal rouillé au contact de l'air. C'est ce qui accélère son vieillissement et ses maladies. Or, les radicaux libres le « bombardent » d'oxygène. Les antioxydants, présents dans de nombreux aliments, aident à neutraliser ces radicaux libres et à protéger votre santé.

Votre cerveau se « caramélise »
par l'excès du sucre !

Peu d'entre vous connaissent le phénomène de « la glycation.» C'est pourtant un des mécanismes majeurs en cause dans le vieillissement du cerveau.

La glycation est un processus insidieux de « caramélisation » de la substance même du cerveau par le sucre.

Elle est impliquée aussi dans la genèse de nombreuses maladies neurodégénératives.

Les aliments inflammatoires

L'inflammation chronique est une des découvertes médicales les plus importantes du XXIe siècle. Elle est dite « de bas grade », car elle demeure discrète et sournoise pendant des années, tout en étant une réelle réaction inflammatoire, mesurable par des examens sanguins.

Elle est reconnue aujourd'hui par les experts comme l'une des principales origines de nombreuses maladies chroniques, et notamment des maladies neuro-psychiatriques (dépression, Alzheimer…).

Voici les aliments inflammatoires à éviter :

- boissons sucrées et jus de fruit ;
- glucides raffinés (pain blanc, pâtes blanches, etc.) ;
- desserts (biscuits, bonbons, gâteaux et glaces) ;
- viande transformée comme les saucisses et les produits de charcuterie ;
- repas surgelés comme les plats de pates et les pizzas ;
- aliments-minute tels que les frites et les hamburgers ;
- certaines huiles de graines et végétales transformées comme l'huile de soja ;
- aliments contenant des gras trans partiellement hydrogénés ;
- alcool.

Les maladies du fast-food

Le cholestérol

Le cholestérol est une substance lipidique présente dans le corps humain et dans de nombreux autres organismes. Il joue un rôle essentiel dans le fonctionnement normal de l'organisme, car il est un constituant majeur des membranes cellulaires et un précurseur de certaines hormones. Il participe aussi à la formation de la bile, nécessaire à la digestion des graisses. Cependant, un excès de cholestérol dans le sang peut augmenter le risque de développer des maladies cardiovasculaires, notamment l'athérosclérose (accumulation de plaque dans les artères), ce qui peut entraîner des problèmes tels que les maladies cardiaques et les accidents vasculaires cérébraux.

Le cholestérol se divise généralement en deux types principaux :

- **Le cholestérol LDL** (Low-Density Lipoprotein), souvent appelé « mauvais cholestérol », qui transporte le cholestérol des cellules vers les artères et peut contribuer à l'accumulation de plaques dans les parois artérielles.
- **Le cholestérol HDL** souvent appelé « bon cholestérol », qui transporte le cholestérol des artères vers le foie, où il est éliminé du corps.

Il est important de maintenir un équilibre sain entre ces deux types de cholestérol pour réduire le risque de maladies cardiovasculaires. Une alimentation équilibrée, de l'exercice physique et d'autres facteurs de mode de vie peuvent contribuer à maintenir des niveaux de cholestérol adéquats dans le sang. En cas de taux de cholestérol élevé, des traitements médicaux, tels que des médicaments, peuvent être recommandés pour réduire le risque de complications liées au cholestérol.

Les aliments qui augmentent le taux de cholestérol

- les aliments d'origine animale, tels que les viandes grasses, la peau de volaille et les charcuteries, sont généralement riches en graisses saturées et peuvent contribuer à augmenter le cholestérol LDL ;
- les œufs, les abats (foie, rognons), les crustacés peuvent contenir des quantités élevées de cholestérol alimentaire ;
- les aliments transformés, notamment les aliments frits, les collations salées et les pâtisseries, peuvent être riches en graisses saturées et en gras trans, qui peuvent augmenter le cholestérol ;
- les produits laitiers entiers, tels que le lait entier, le beurre et les fromages gras, peuvent contenir des quantités élevées de graisses saturées.

Les aliments suivants qui aident à réduire le taux de cholestérol

- les aliments riches en fibres solubles : les fruits (pommes, poires, agrumes), les légumes (brocoli, carottes, chou-fleur), les légumineuses (haricots, lentilles, pois chiches), les

grains entiers (avoine, orge, quinoa) et les graines de chia ;
- les poissons riches en oméga-3 : le saumon, le maquereau, les sardines et les truites, sont bénéfiques pour réduire le cholestérol LDL ;
- les noix, les amandes, les noisettes, les graines de lin, les graines de chia et les graines de citrouille sont riches en acides gras insaturés, en fibres et en antioxydants, qui peuvent aider à réduire le cholestérol ;
- les huiles végétales, comme l'huile d'olive, l'huile de colza et l'huile de lin, sont riches en graisses insaturées et peuvent contribuer à réduire le cholestérol LDL ;
- les avocats sont riches en graisses monoinsaturées, en fibres et en antioxydants, et peuvent aider à maintenir des niveaux de cholestérol sains.

Les maladies cardiovasculaires

Pour maintenir un cœur en bonne santé, il est important de privilégier une alimentation équilibrée riche en fruits, légumes, grains entiers, poissons gras (comme le saumon), et de limiter la consommation d'aliments nocifs pour le système cardiovasculaire. Il est également recommandé de faire de l'exercice régulièrement et de consulter un professionnel de la santé pour des conseils spécifiques à votre situation.

Quelques exemples d'aliments nuisibles à la santé cardiovasculaire

- **Les graisses saturées,** que l'on trouve souvent dans les produits d'origine animale comme la viande rouge, le beurre et les produits laitiers entiers, peuvent contribuer à l'accumulation de plaque dans les artères, ce qui augmente le risque de maladies cardiovasculaires ;
- **Les gras trans,** qui sont souvent présents dans les aliments transformés et frits, ainsi que dans certains types de margarines. Ils sont connus pour augmenter le risque de maladies cardiaques en augmentant le taux de mauvais cholestérol (LDL) et en réduisant

le taux de bon cholestérol (HDL) ;

- **Une alimentation riche en sel** peut entraîner une augmentation de la pression artérielle, ce qui augmente le risque de maladies cardiovasculaires. Les aliments transformés, les fast-foods et les collations salées sont souvent des sources importantes de sodium ;

- **Une consommation excessive de sucre ajouté,** en particulier sous forme de boissons sucrées, de friandises et de desserts, peut contribuer à l'obésité et à des problèmes de santé cardiaque ;

- **Les aliments riches en cholestérol,** comme les œufs et les abats, peuvent augmenter le taux de cholestérol sanguin, ce qui peut augmenter le risque de maladies cardiovasculaires chez certaines personnes.

Voici le régime alimentaire à adopter pour éviter les maladies cardiovasculaires :

- **les fruits et légumes** sont riches en antioxydants, en fibres et en nutriments bénéfiques pour la santé cardiaque. Optez pour une variété de fruits et légumes colorés, tels que les baies, les agrumes, les légumes-feuilles,

les poivrons et les tomates ;
- **Les aliments à base de grains entiers,** comme le pain complet, le riz brun, les
  pâtes de blé entier et l'avoine. Ils contiennent
  des fibres solubles, qui aident à réduire le
  taux de cholestérol ;
- Les légumineuses : Les lentilles, les haricots,
  les pois chiches et les fèves sont riches en
  fibres, en protéines végétales et en antioxydants. Ils sont bénéfiques pour la santé cardiaque et peuvent remplacer partiellement la
  viande dans les repas.

Le fast-food et la reproduction

Une femme qui fait le choix d'une alimentation très
riche en graisses et en sucre peut exposer sa des-
cendance à ces maladies le diabète de type 2 et les
maladies cardio-vasculaires. Une mauvaise hygiène
alimentaire peut avoir des répercussions sur trois
générations, même si les descendants adoptent une
alimentation saine.

Une mauvaise hygiène alimentaire provoque des
anomalies génétiques transmises de la mère à sa des-
cendance. Les gènes impliqués sont présents dans
l'ADN de la mitochondrie qui, contrairement à l'ADN
du noyau, sont uniquement transmis par la mère.

FAIRE SES COURSES
intelligemment

C'est évidemment dès l'achat qu'il faut prendre de bonnes habitudes. Comment éviter de remplir son caddie d'aliments malsains et privilégier ceux qui renforcerons votre santé ?

Ne faites pas les courses l'estomac vide.

Nous savons tous ce qui se passe quand nous allons faire nos courses au magasin quand notre estomac gargouille ! Tout à l'air bon, en particulier ces en-cas faciles à manger rapidement. Si vous avez faim, prenez un en-cas ou un repas sain avant de faire les courses. Vous serez moins tenté de remplir votre chariot en faisant des achats impulsifs.

Privilégiez les rayons d'aliments non transformés

Essayez d'acheter des produits aux rayons poisson, viande maigre, produits laitiers demi-écrémés et pains du magasin autant que faire se peut, et évitez les rayons où se trouvent les en-cas sucrés, les chips, les boissons gazeuses et autres aliments préparés et emballés. Astreignez-vous à remplir votre panier de fruits, de légumes, de céréales complètes, de produits laitiers demi-écrémés et de protéines maigres. Après avoir fait votre liste à l'extérieur du magasin, utilisez-là pour vous orienter dans les autres allées.

Apprenez à comparer vos achats

Décidez ce qui est le plus important pour vous au moment de choisir les aliments. Le sodium ? les fibres ? le sucre ? les calories ? Choisir les bonnes graisses ? Rentré chez vous, lisez les étiquettes de ces produits.

Apprendre à lire les étiquettes

La plupart des aliments vraiment bons pour la santé, comme les fruits et les légumes, ne comportent pas d'étiquettes nutritionnelles. Les aliments emballés, en revanche, en comportent et lire l'étiquette est la meilleure façon d'orienter vos choix vers les meilleures solutions pour votre santé. Comment pouvez-vous savoir, par exemple, si un type de céréales pour le petit déjeuner est meilleur qu'un autre ? Comparez-les données nutritionnelles qui figurent sur les boîtes. Voici une méthode au pas à pas pour décoder ce jargon.

Sur l'étiquette des valeurs nutritionnelles, le pourcentage de la valeur journalière prend pour base une personne qui consomme exactement 2 000 calories par jour. C'est un outil utile pour comparer la valeur nutritive de deux produits rapidement. En règle générale, quand la valeur journalière d'un élément nutritif particulier atteint 20%, on considère qu'il s'agit d'un taux élevé. C'est une bonne chose si l'on parle de fibres, mais ce n'est pas une bonne chose s'il s'agit de sodium ou d'acides gras saturés.

Vérifiez la quantité d'acides gras saturés et d'acides gras trans du produit. Maintenez la prise de cholestérol et d'acides gras saturés au minimum et évitez les acides gras trans. Privilégiez les aliments qui contiennent 0 gramme d'acides gras trans et le taux le plus bas d'acides gras saturés et de cholestérol. Évitez les aliments dont les mots « huile végétale partiellement hydrogénée » apparaissent dans la liste des ingrédients.

Choisissez les produits dans lesquels la quantité de sodium est inférieure ou égale au nombre de calories par portion. Pour un aliment qui contient 250 calories par portion, privilégiez une quantité de sodium inférieure ou égale à 250 mg. Privilégiez également les produits pauvres en sodium et en sel.

Tout aliment qui contient plus de 5 g de fibres par portion est un bon choix en termes de fibres. Optez pour 25 g à 35 g de fibres par jour au total.

Vérifiez la quantité de sucre. Tenez-vous à l'écart des aliments qui contiennent du sucre, du miel, des mélasses, du sirop de maïs, de l'alpha-D glucose, du fructose ou du sirop de maïs. Les autres ersatz de sucre à surveiller sont le sirop d'agave, le sucre brun, le sucre de canne, les édulcorants à base de maïs, le dextrose, le maltose, le jus de fruit concentré et le glucose.

LES ALIMENTS À RÉDUIRE

Le sodium

Réduire l'apport journalier en sodium à moins de 2300 milligrammes (mg) ou même à moins de 1500 mg est recommandé pour :
-   les personnes de 51 ans et plus ;
-   et les personnes d'origine africaine de tout âge ;
-   les personnes qui souffrent d'hypertension (tension artérielle élevée), de diabète ou de maladies rénales chroniques.

La recommandation du seuil de 1500 mg s'applique à près de la moitié de la population américaine, en particulier aux enfants et à la majorité des adultes !

Les acides gras saturés

Consommez moins de 10 % de calories provenant d'acides gras saturés (principalement des graisses animales) en les remplaçant par des acides gras monoinsaturés et polyinsaturés (issus principalement d'huiles végétales).

Consommez moins de 300 mg par jour de produits contenant du cholestérol (que l'on trouve dans les aliments à base animale, c'est-à-dire les viandes et les laitages).

Limitez le plus possible la consommation d'acides gras trans en réduisant au maximum le nombre d'aliments contenant des sources d'acides gras trans, tels que les huiles partiellement hydrogénées les graisses solides (principalement animales).

Réduisez l'apport de calories en limitant les sucres ajoutés.

Réduisez la consommation d'aliments qui contiennent des grains raffinés (tels que la farine blanche et le riz blanc).

Comment réduire les graisses saturées de votre assiette ?

- Choisissez des viandes maigres et enlève la graisse visible. Évitez la peau des volailles.
- Évite les fritures, privilégie les cuissons avec peu ou pas de matières grasses.
- Évitez les produits laitiers trop gras.
- Évitez ou consommez occasionnellement peu de pâtisseries, de biscuits et de charcuterie ;
- Remplacez les mauvaises graisses (saturées et trans) par des graisses saines et protectrices (oméga-3, huile d'olive ou de colza...).

LES ALIMENTS À PRIVILÉGIER

Essayez de suivre les recommandations suivantes, qui entrent dans le cadre d'une routine alimentaire saine, tout en essayant de maintenir l'apport calorique dont vous avez besoin :

- Augmentez la consommation de fruits et de légumes.
- Variez l'apport en légumes en mangeant notamment des légumes vert foncés, rouge et orange, et des haricots et des pois.
- Mangez des céréales, dont la moitié au moins doivent être au blé complet.
- Augmentez l'apport en produits laitiers écrémés ou demi-écrémés tels que le lait, les

yaourts, le fromage, ou les boissons au soja fortifié.

- Faites le choix de la diversité en aliments riches en protéines : fruits de mer, viande maigre, volaille, œufs, haricots et pois, produits au soja, fruits secs et graines sans sel.
- Utilisez des huiles pour remplacer les graisses solides chaque fois que possible.
- Choisissez des aliments qui contiennent davantage de potassium, de fibres et de calcium. On compte parmi ces aliments les fruits et les légumes, les céréales au blé complet, le lait et les produits laitiers.

Mangez les couleurs pour une santé éclatante !

La phrase «manger l'arc-en-ciel» (les Américains disent « Eat a Raimbow ») fait référence à la consommation de fruits et légumes colorés. Chaque couleur est un groupe unique de nutriments, de vitamines, de minéraux et d'antioxydants bénéfiques pour la santé.

- **Rouge :** les aliments rouges, comme les baies, les tomates et les poivrons rouges, sont riches en antioxydants tels que le lycopène et la vitamine C, qui aident à combattre les radicaux libres et soutiennent la santé cardiaque.

- **Orange et Jaune :** les agrumes, les carottes, les patates douces et les mangues regorgent de bêta-carotène (un antioxydant) et de vitamine A, essentiels pour la santé des yeux, la croissance cellulaire et le système immunitaire.
- **Vert :** les légumes verts à feuilles comme les épinards, le brocoli et les avocats sont riches en folate, en vitamine K et en fer, qui favorisent la santé osseuse, la coagulation sanguine et la régénération cellulaire.
- **Bleu et Violet :** les myrtilles, les raisins, les aubergines et les betteraves offrent des anthocyanes, une autre famille d'antioxydants qui peuvent aider à améliorer la cognition, à réduire l'inflammation et à protéger les cellules cérébrales.

Les antioxydants protègent vos cellules !

Les antioxydants jouent un rôle crucial dans la protection de nos cellules contre les dommages causés par les radicaux libres.

Ceux-ci sont produits en excès lorsqu'on a une alimentation riche en graisses saturées, en sucres et en additifs. Voici un classement des antioxydants, de leurs rôles et de leur pertinence pour contrer les effets négatifs de la malbouffe :

- **Vitamine C :** soutient le système immunitaire, favorise la production de collagène, protège les cellules contre les radicaux libres produits par les aliments transformés riches en additifs et en gras saturés.
- **Vitamine E :** protège les membranes cellulaires, réduit l'inflammation, renforce le système immunitaire. Elle aide à atténuer les effets nocifs de la consommation excessive de graisses saturées dans les aliments fast-food.
- **Bêta-carotène (Vitamine A) :** la consommation d'aliments riches en bêta-carotène aide à réduire les effets négatifs de la malbouffe sur la vision et la santé de la peau et renforce le système immunitaire.
- **Sélénium :** favorise la fonction thyroïdienne, soutient le système immunitaire, protège contre les dommages cellulaires. Le sélénium contribue à réduire les effets nocifs des additifs et des conservateurs présents dans les aliments transformés.

- **Zinc :** atténue les effets néfastes des aliments transformés sur la santé de la peau et du système immunitaire. Il soutient la croissance cellulaire et favorise la cicatrisation.
- **Lycopène :** protège contre les maladies cardiaques, favorise la santé de la prostate, réduit l'inflammation. Le lycopène offre une défense contre les radicaux libres produits par les graisses saturées et les additifs dans les aliments fast-food.
- **Quercétine :** réduit l'inflammation, protège la santé cardiaque, renforce l'immunité. La quercétine contribue à contrer les effets inflammatoires des aliments transformés riches en gras et en sucres.
- **Acide Alpha-lipoïque :** régénère d'autres antioxydants, favorise la santé neuronale, protège contre les dommages oxydatifs. L'acide alpha-lipoïque aide à protéger les cellules nerveuses des effets néfastes des additifs et des graisses saturées.

En incorporant des aliments riches en antioxydants dans notre alimentation, nous aidons à atténuer les effets néfastes de la malbouffe. Les antioxydants offrent une défense naturelle contre les radicaux libres produits par les aliments transformés et contribuent ainsi à maintenir notre corps et notre esprit en meilleure santé, même dans l'ère de la génération fast-food.

Les fibres alimentaires sont vos amies pour la vie !

Les fibres alimentaires font partie de la famille des glucides. Ce sont des molécules à chaîne plus ou moins longue que l'Homme est incapable de digérer. Les fruits, légumes, légumineuses et céréales complètes en sont riches. Elles ont un effet positif sur la satiété.

Avec 25 à 30g de fibres par jour, vous protégez puissamment votre santé :

- Elles diminuent la charge glycémique : les fibres ralentissent l'absorption de certains nutriments, dont les glucides.
- Elles protègent de certains cancers digestifs : les fibres se gonflent et emprisonnent certaines molécules issues de l'alimentation pour faciliter leur évacuation par les selles. Il en va de même pour toutes les substances toxiques : nitrates, pesticides…
- Elles luttent contre la constipation : les fibres ont un effet très positif sur le transit intestinal.

- Elles sont rassasiantes : en gonflant dans le tube digestif, les fibres augmentent considérablement le volume du bol gastrique et ralentissent la vitesse de digestion.
- Elles baissent le taux de cholestérol LDL
- Les fibres piègent les molécules lipidiques, dont le cholestérol.

On classe les fibres en deux catégories :

- les fibres alimentaires solubles qui forment un gel visqueux en présence d'eau. Ce sont les pectines ;
- les fibres insolubles dans l'eau qui augmentent le volume du bol gastrique et améliorent le transit intestinal. Ce sont les celluloses.

Pour atteindre l'apport nutritionnel conseillés en fibres, soit entre 25g à 30g :

- mangez chaque jour une poignée d'oléagineux secs : noix, noisettes, amandes... sans sel ;
- consommez fruits, légumes et légumineuses ;
- remplacez les pains et les céréales raffinées par des aliments plus complets ;
- remplacez le pain blanc par du pain complet

aux céréales (au levain) ou du pain de seigle (au levain) ;
- procédez progressivement pour laisser le temps à votre système digestif de s'y habituer.

Les bienfaits de la grande famille des oléagineux

Les oléagineux sont des aliments végétaux dont on peut extraire de l'huile. Certains sont des graines (sésame, courge, lin, chia, tournesol...), d'autres sont des fruits (noix, amande, noisette, pistache...).

Notre phobie du gras nous a fait bouder les oléagineux, alors que leur gras est sain et qu'ils sont de vrais boucliers anti-inflammatoires et antioxydants, sans oublier leur extrême richesse en nutriments précieux.

Les oléagineux apportent essentiellement des graisses dites « insaturées » (mono-insaturées, par exemple l'huile d'olive ou poly-insaturées, comme les graisses oméga-3) qui participent au bon fonctionnement du cœur, du cerveau et de notre santé en général. Ce sont ces graisses qu'il faut privilégier : il ne s'agit pas d'une option, notre organisme en a un besoin vital. Il ne faut pas les confondre avec les graisses saturées apportées par la viande et les produits laitiers, ou les graisses trans présentes dans certains produits industriels qui sont cardio-toxiques.

Si vous voulez mincir, remplacez les chips par des noix !

Selon un article publié en 2014 dans *The American Journal of Clinical Nutrition*, plusieurs analyses ont montré une association entre une consommation plus élevée de noix et un poids corporel plus faible. Par conséquent, la consommation régulière de noix (environ une poignée quotidienne) en remplacement d'aliments moins sains est un composant d'une alimentation saine et peut prévenir l'obésité et le diabète de type 2.

En effet, les noix réduisent puissamment la charge oxydante et la charge inflammatoire du cerveau et augmentent la neurogenèse (le processus de création de nouveaux neurones).

Les oméga-3, des acides gras nécessaires à votre cerveau, votre coeur et vos yeux !

Les acides oméga-3 sont nécessaires au développement et au fonctionnement de la rétine, du cerveau et du système nerveux. Des apports suffisants en oméga-3 sont donc primordiaux pour tout le monde, mais encore plus chez la femme en âge de procréer, la femme enceinte, la femme allaitante ainsi que chez l'enfant.

Les Oméga-3, nourriture stratégique de votre cerveau

Les deux tiers du poids sec de votre cerveau sont des graisses. Il faut donc leur apporter quotidiennement celles dont il a besoin pour fonctionner : poisson gras (saumon, sardine, maquereau...), huiles riches en oméga-3 (colza), noix, graines de lin...

Ne sous-estimez donc pas leur importance, ils sont indispensables au fonctionnement normal des membranes des neurones et des synapses.

Si votre cerveau est en manque d'oméga-3, il devient vulnérable et moins fonctionnel. C'est grâce aux bonnes graisses (oméga-3) et aux protéines que votre cerveau a triplé de taille.-

Les personnes qui ne mangent jamais de poisson augmentent de 37 % leur risque de développer la maladie d'Alzheimer, alors que ceux qui en consomment régulièrement (au moins deux fois par semaine) le réduisent de 44 %. Ce résultat éloquent a été présenté par des chercheurs français de l'IN-SERM qui ont scrupuleusement étudié le mode de vie et l'alimentation de 8000 personnes.

Cette étude a également permis de constater que les personnes qui consomment régulièrement des huiles riches en oméga-3 (poissons gras, huile de colza, de lin ou de noix), réduisent de 60% leur risque de démence. Ces résultats ont été publiés dans la revue américaine *Neurology* en 2007.

Les oméga-3 contre l'agressivité, le déclin cognitif et les maladies cardiovasculaires

Une expérience étonnante sur 198 personnes a permis de démontrer les pouvoirs calmants des oméga-3.

La moitié a été supplémentée en oméga-3, l'autre moitié a pris un placebo. «Avant le début de l'étude et à l'issue des 6 semaines, on a demandé aux patients d'estimer leur degré d'agressivité. Les résultats ont confirmé une diminution de l'agressivité parmi les personnes ayant bénéficié des oméga-3», nous explique Laurent Bègue, le chercheur français qui pilotait l'étude internationale. Explication : un déficit en oméga-3 affecterait les mécanismes de neurotransmission de la sérotonine, impliquée dans les conduites impulsives et agressives.

Une carence en oméga-3 peut altérer votre mémoire et votre apprentissage.

Les faibles consommateurs d'oméga-3 ont un risque de dépression 54% plus élevé que les grands consommateurs. Un apport de 400mg d'oméga-3 par jour (environ 50g de saumon) réduirait significativement le risque de dépression selon l'étude « The Zutphen Elderly Study » parue dans l'*American Journal of Clinical Nutrition* en 2006.

Il a été démontré que les enfants recevant une supplémentation en Oméga-3 apprennent mieux et améliorent leur capacité de mémorisation.

Les personnes qui privilégient une alimentation riche en bonnes graisses baissent de 42 % leur risque de développer un trouble cognitif. Ce résultat significatif a été publié en 2012, dans le *Journal of Alzheimer's Disease*, par les chercheurs de la très prestigieuse Mayo Clinic, classée meilleur hôpital des États-Unis.

CUISINER SAINEMENT

Cuisinez à partir d'ingrédients naturels.

Cuisiner à partir d'ingrédients naturels est une approche saine et gratifiante de la préparation des repas. Cette méthode consiste à utiliser des ingrédients bruts et non transformés pour créer des plats savoureux et nutritifs. Voici quelques avantages et conseils pour cuisiner à partir d'ingrédients naturels.

- **Meilleure santé :** Les ingrédients naturels sont généralement moins transformés, ce qui signifie qu'ils conservent davantage de leurs nutriments essentiels. En cuisinant avec eux, vous pouvez améliorer votre santé globale en augmentant votre apport en vitamines, minéraux et antioxydants.

- **Contrôle sur les ingrédients :** En utilisant des ingrédients naturels, vous avez un contrôle total sur ce qui entre dans votre alimentation. Vous pouvez éviter les additifs, les conservateurs et les excès de sucre, de sel et de graisses saturées que l'on trouve souvent dans les aliments transformés.

- **Créativité culinaire :** Cuisiner avec des ingrédients naturels vous permet de développer votre créativité en cuisine. Vous pouvez essayer de nouvelles recettes, créer des combinaisons de saveurs originales et personnaliser vos plats selon vos préférences.

Conseils pour cuisiner avec des ingrédients naturels :

- **Achetez des produits frais :** Privilégiez les produits frais, de saison et locaux lorsque c'est possible. Ils sont souvent plus savoureux et nutritifs que les produits qui ont parcouru de longues distances.

- **Lisez les étiquettes :** Si vous achetez des aliments préemballés, lisez attentivement les étiquettes pour éviter les ingrédients artificiels, les sucres ajoutés et les gras trans.
- **Optez pour des protéines maigres :** Choisissez des protéines maigres comme le poulet, la dinde, le poisson, les légumineuses et les produits laitiers faibles en gras pour réduire la quantité de gras saturés dans vos repas.
- **Utilisez des herbes et des épices :** Les herbes fraîches et les épices sont d'excellents moyens d'ajouter de la saveur à vos plats sans ajouter de sel ou de gras supplémentaires.
- **Faites preuve de patience :** La cuisson à partir d'ingrédients naturels peut prendre un peu plus de temps que l'utilisation d'aliments transformés, mais le résultat en vaut la peine en termes de saveur et de santé.
- **Pratiquez la planification des repas :** Planifiez vos repas à l'avance pour vous éviter de céder à la tentation des aliments transformés lorsque vous êtes pressé.

Quelles huiles privilégier ?

Il est communément conseillé de limiter la consommation de matières grasses animales et de préférer les huiles végétales généralement pauvres en acides gras saturés et riches en acides gras insaturés qui eux ont un effet bénéfique sur la santé cardiovasculaire. Sur le podium, on trouve l'huile d'olive et de canola (colza), qui en contiennent plus de 85%.

Plus largement, on ira puiser des acides gras mono-insaturés (omégas 9) dans les huiles d'olive, d'arachide, de colza et de sésame, et des acides gras poly-insaturés dans les huiles de tournesol et de maïs pour les omégas 6, et dans les huiles de noix et de colza pour les oméga-3. La liste est bien sûr non exhaustive d'autant que les concentrations en acides gras varient d'une huile à l'autre. Par ailleurs, les huiles végétales peuvent aussi apporter d'autres ressources comme des polyphénols et des vitamines E et K. Seulement voilà, pour toutes bénéfiques qu'elles soient, les huiles végétales résistent souvent mal à la cuisson. Pour exemple, le point de fumée de l'huile de tournesol vierge est à 107 °C.

Le point de fumée : un point à maîtriser

Chaque matière grasse a un « point de fumée ». C'est la température au-delà de laquelle on détecte de la fumée. Lorsque cette température est atteinte ou dépassée, des produits nocifs, toxiques, voire cancérigènes apparaissent : benzopyrènes, acroléine... Des produits que l'on retrouve aussi dans la fumée de cigarette, les pots d'échappement ou les aliments trop grillés (barbecue, pain grillé...).

- Le beurre a un point de fumée faible (120 à 150°C). C'est la raison pour laquelle il noircit rapidement.
- L'huile d'olive vierge a un point de fumée de 216 °C. Elle présente l'avantage d'être composée de 85% de graisses mono-insaturées, bénéfiques sur le plan cardiovasculaire, tout en apportant des antioxydants puissants et des vitamines.
- L'huile de coco et d'arachide résistent bien à la cuisson, mais elles renferment trop de graisses saturées.
- Les mêmes paramètres de température font du saindoux et de la graisse de canard des matières grasses résistant bien à la cuisson. Mais le problème nutritionnel qui se pose avec les graisses animales, c'est leur taux en acides gras saturés, associés à l'augmentation du cholestérol sanguin et donc au risque de maladies cardiovasculaires. Le beurre, par exemple, contient 60 à 65 % d'acides gras

saturés pour 35 à 40 % d'acides gras insaturés. C'est là le deuxième paramètre essentiel dans le choix des matières grasses : la nature de leurs acides gras.

MANGER SAINEMENT

Quelle quantité faut-il manger ?

Nous sommes nombreux à trop manger : l'USDA estime que les américains consomment en moyenne 200 calories de plus par jour par rapport aux années 1970. Prenez en compte la quantité de nourriture dont vous avez besoin pour rester à votre poids actuel si vous n'êtes pas en surpoids, ou pour perdre progressivement du poids dans le cas contraire. Il s'agit non pas de faire un régime, mais bien de rompre avec de mauvaises habitudes alimentaires et d'adopter une nouvelle façon de manger, optimale pour votre santé sur le long terme.

Chaque personne est différente et les besoins caloriques changent en fonction de divers facteurs tels que l'âge, le type d'activité et les besoins métaboliques. La plupart des femmes ont besoin de 1 600 à 2 000 calories par jour, alors que la plupart des hommes ont besoin de 2 400 calories par jour pour conserver leur poids. Si vous êtes particulièrement actif, vous avez sans doute besoin d'un plus grand nombre de calories. Si vous êtes inactif ou si vous souhaitez perdre du poids, vous pouvez choisir de réduire votre apport calorique, mais ne le réduisez pas trop ! Pour se maintenir en forme, les femmes doivent consommer au minimum 1 200 calories par jour et les hommes 1 500, sauf dans le cas d'un régime suivi par un professionnel de santé.

Mangez plus lentement

Combien de fois avez-vous mangé en faisant autre chose en même temps, ou à toute vitesse ?

La plupart d'entre nous ont intérêt à manger plus lentement et à prêter plus d'attention à la nourriture. Manger rapidement ou distraitement a tendance à nous faire consommer davantage d'aliments.

Mangez plus tôt dans la journée

Un axiome de régime de longue date soutient que « une calorie est une calorie est une calorie ». Mais la recherche montre qu'il vaut mieux manger plus tôt dans la journée que d'ingérer la majeure partie de ses calories plus tard.

C'est en rapport avec les types de nourriture que vous êtes susceptible de manger à mesure que la journée avance. Si vous rentrez du travail affamé, vous craquerez sur des collations sucrées ou salées avant le dîner pour calmer les fringales.

C'est peut-être pourquoi les études montrent que les personnes qui consomment le plus de calories la nuit ont tendance à être en surpoids et perdent plus difficilement leurs kilos superflus.

Cependant, les facteurs métaboliques peuvent également jouer un rôle. Les experts en santé se sont aperçus que le métabolisme a son propre rythme circadien. Étant donné que la nourriture est essentiellement le carburant de vos muscles et de votre métabolisme, l'heure à laquelle vous mangez peut jouer un rôle surprenant dans votre poids. Une étude a montré qu'un groupe de femmes prenant leur déjeuner à 15 heures avaient perdu moins de poids que le groupe ayant déjeuné plus tôt, alors que les deux groupes avaient le même régime.

Une étude de 2015 de la Harvard Medical School a révélé que lorsque les gens mangent un repas le soir, l'énergie thermique dégagée pour digérer la nourriture est de 44% plus basse que quand ils mangent la même chose le matin. En d'autres termes, le rythme naturel de votre corps fait varier le nombre de calories brûlées en fonction du moment.

D'autres chercheurs pensent que manger tard dans la journée ou la nuit peut nuire à la capacité de l'organisme à utiliser l'insuline et le glucose de manière efficace, ce qui favorise le stockage des graisses.

Le petit-déjeuner idéal

Choisir les céréales du matin

Alors qu'il existe des centaines de types de céréales sur le marché, les céréales de son, les flocons de son et le gruau d'avoine représentent généralement votre meilleur atout alimentaire. Pour choisir vos céréales matinales parmi les plus saines, lisez les étiquettes et cherchez :

- 5 g ou plus de fibres par portion ;
- moins de 300 mg de sel par portion ;
- moins de 5 g de sucre par portion ;
- la céréale complète doit figurer en tête de liste des ingrédients.

La portion de référence varie beaucoup pour les céréales mais une tasse est une portion commune. Si vous faites attention aux calories, veillez à choisir du lait écrémé.

Pour préparer un petit déjeuner sain et équilibré, il faut qu'il comprenne ces trois catégories d'aliments : des protéines maigres, des glucides (pain complet, céréales) et des fruits.

Pensez votre petit-déjeuner en termes de tiers :

-   un tiers de protéines, comme un œuf, du fromage au lait écrémé, un yaourt allégé ou maigre (en particulier le yaourt grec) ou des fruits secs ;
-   un tiers de féculents comme du pain au blé complet ou à l'avoine ;
-   un tiers de fruits.

Ne sautez pas le petit-déjeuner, vous risquez de grossir !

Si vous n'avez pas faim le matin, il n'y a pas de mal à prendre de petites portions, mais essayez d'intégrer ces trois types d'aliments, en particulier les protéines qui favorisent la satiété et vous épargne les manques en glucides. Essayez de prendre une cuillère à café de beurre de cacahuète naturel sur un toast au blé complet et un fruit.

Les aliments à manger au déjeuner et ceux à éviter !

Les règles élémentaires du déjeuner

Ne sautez jamais un déjeuner, même si vous êtes extrêmement occupé.

- Appliquez la formule déjeuner-sain : beaucoup de légumes, des protéines maigres, des céréales complètes, des fruits frais et une petite quantité de graisses bonnes pour la santé.
- Essayez d'emporter un déjeuner maison plus souvent avec vous, de manière à prendre le contrôle nutritionnel de ce repas important.
- Manger quatre heures environ après le petit-déjeuner vous aidera à conserver votre taux de sucre dans le sang et ainsi d'éviter une baisse de régime dans l'après-midi.
- Un déjeuner sain vous protègera contre la fringale qui peut vous pousser à trop manger au dîner, en vous exposant à une prise de poids.

Les boissons sucrées

Les boissons sucrées sont associées à un risque accru de décès prématuré chez les personnes atteintes de diabète de type 2.

Une consommation élevée de boissons sucrées est associée à un risque élevé de décès prématuré et à une incidence de maladies cardiovasculaires (MCV) chez les personnes atteintes de diabète de type 2, selon une nouvelle étude menée par des chercheurs de Harvard T.H. École Chan de santé publique.

Boire des boissons comme le café, le thé, le lait de vache faible en gras et l'eau plate est associé à un risque moindre de mourir prématurément.

Les personnes atteintes de diabète doivent être particulièrement pointilleuses sur la façon dont elles s'hydratent.

Quels aliments choisir le soir ?

Évitez les aliments trop sucrés, trop riches en graisse et excitants qui rendent la digestion difficile.

Les aliments transformés

Riches en sucres et en gras, les aliments transformés, type pain de mie ou biscuits, et ceux qui sont très gras sont à éviter en général, mais encore plus particulièrement le soir. Ils vont stimuler la production d'acide dans l'estomac et pourront provoquer du reflux. L'excès de sucre provoquera des pics d'insuline qui déclencheront le stockage des graisses.

La viande rouge

Avec sa forte teneur en protéines, la viande rouge est très longue à digérer. Le soir, elle demandera trop de travail à votre organisme, ce qui pèsera sur votre sommeil. Si vous tenez à manger de la viande, préférez une viande blanche comme la dinde ou le poulet.

Les agrumes

Contrairement aux idées reçues, la vitamine C n'empêche en rien l'endormissement ! Si les citrons, oranges et autres pamplemousses sont à éviter le soir, c'est plutôt parce qu'ils peuvent provoquer des remontées acides.

La charcuterie

Truffée de sel, elle déshydrate, ce qui peux vous réveiller la nuit. Elle contient également de la tyramine, substance qui augmente la tension et rend le cerveau plus alerte.

Ne pas manger le soir n'est pas une bonne idée. Pour bien dormir, mieux vaut manger, mais léger. Voici les aliments à privilégier.

Les pâtes complètes

Manger des pâtes le soir n'a rien d'absurde, à condition de de prendre des pâtes complètes, de les manger *al dente* et… de ne pas les arroser de sauce industrielle.

Une étude du Brigham and Women's Hospital publiée par *The Lancet* indique que la consommation de pâtes facilite l'absorption du tryptophane, le précurseur de la sérotonine qui régule l'humeur et de la mélatonine, la fameuse hormone du sommeil. On a également montré que certains aliments ont une influence directe sur la qualité du sommeil.

N'oubliez pas les fruits à coque et les graines

Les amandes sont riches en magnésium, et les noix de Grenoble riches en tryptophanes. Intégrez-les dans votre menu du soir si vous avez du mal à dormir.

Le magnésium relâche les muscles et favorise un bon sommeil. Par ailleurs, les protéines végétales permettent de stabiliser le taux de sucre dans le sang, ce qui fait passer en mode digestion et repos.

Vous pouvez mélanger avec des graines de courges qui contiennent elles aussi du tryptophane.

Les légumineuses sont des réservoirs de nutriments

Les légumineuses sont riches en glucides, comme les lentilles, pois chiches ou haricots… Leur métabolisme est lent. Elles ont ainsi un effet sédatif. Elles ne sont pas stimulantes, contrairement aux protéines animales. A associer avec des légumes et une céréale complète pour un menu équilibré.

Les légumes à feuilles vertes

Les légumes de saison sont à privilégier à tous les repas, car ce sont eux qui apportent tous les nutriments dont nous avons besoin. Le soir, misez sur ceux qui ont des feuilles bien vertes comme les salades, les épinards, blettes, etc. Ils renferment une bonne quantité de vitamines du groupe B qui participent au bon fonctionnement du système nerveux. Ils sont également riches en calcium, qui réduit les effets du stress.

NOUVEAUX MODES
de consommation alimentaire

Peut-on être végétarien ou végétalien sans risque ?

La position de l'Académie de nutrition et de diététique est que les régimes végétariens, y compris végétaliens, correctement planifiés, sont sains, adéquats sur le plan nutritionnel et peuvent offrir des avantages pour pour la prévention et le traitement de certaines maladies. Ces régimes conviennent à toutes les étapes du cycle de vie, y-compris la grossesse, l'allaitement, la petite enfance, l'enfance, l'adolescence, l'âge mûr. Il convient même aux athlètes.

Un faible apport en graisses saturées et un apport élevé en légumes, fruits, grains entiers, légumineuses, produits à base de soja, noix et graines (tous riches en fibres et composés phytochimiques) sont des caractéristiques des régimes végétariens et végétaliens qui produisent un cholestérol réduit et un meilleur contrôle de la glycémie. Ces facteurs contribuent à la réduction des maladies chroniques.

Les végétariens et les végétaliens courent un risque réduit de certains problèmes de santé, notamment les cardiopathies ischémiques, le diabète de type 2, l'hypertension, certains types de cancer et l'obésité. Les végétaliens ont besoin d'aliments enrichis ou de compléments en vitamine B12.

Par rapport aux régimes lacto-ovo-végétariens, les régimes végétaliens semblent offrir une protection supplémentaire contre l'obésité, l'hypertension, le diabète de type 2 et la mortalité cardiovasculaire. Le bénéfice pour la santé est plus grand pour les hommes que pour les femmes.

Faut-il éliminer les produits laitiers ?

Les consommateurs sont de plus en plus nombreux à se méfier des effets sur la santé des produits laitiers. Cela se traduit par une consommation croissante de boissons végétales, par exemple à base de soja, de riz, d'amande ou d'avoine.

Pourtant, toutes les études menées sur le sujet montrent que la consommation de lait et de produits laitiers peut protéger contre les maladies chroniques les plus répandues, alors que très peu d'effets indésirables sont signalés :

- Une alimentation riche en lait et en produits laitiers réduit le risque d'obésité infantile et améliore la composition corporelle chez les adultes ;
- Les preuves que les produits laitiers fermentés, le fromage et le yaourt en particulier, sont associés à un risque réduit de diabète de type 2 ne cessent de s'accumuler ;
- Les produits laitiers, s'ils sont faibles en gras et riches en calcium, sont généralement reconnus comme abaissant la tension artérielle ;

- La consommation de produits laitiers est associée à une diminution globale du risque de maladies cardio-métaboliques et de certains cancers.

Il faut par-contre privilégier les produits laitiers allégés.

Le manque de lait accroît significativement le risque de fractures ostéoporotiques à l'âge moyen et avancé, en particulier chez les femmes. En effet, le lait et les produits laitiers contiennent un certain nombre de nutriments nécessaires à la formation d'os solides pendant l'enfance et leur maintien à l'âge adulte.

Du calcium, mais surtout du magnésium !

Une étude récente indique que chez les enfants et les adolescents, l'apport en magnésium est encore plus important que le calcium en ce qui concerne le développement osseux (à moins que les apports en calcium soient très faibles).

L'apport en calcium n'est pas significativement associé à la teneur ou à la densité minérale osseuse totale, tandis que l'apport en magnésium est un facteur prédictif clé de la masse osseuse. La mesure dans laquelle ces résultats peuvent être extrapolés à la population générale est incertaine, mais le lait et les produits laitiers sont des sources importantes de magnésium, et donc d'importants agents de la croissance osseuse pendant l'adolescence.

Les produits laitiers augmentent la teneur minérale totale des os chez les enfants ayant une faible consommation initiale de produits laitiers. Il y a cependant un seuil au-dessus duquel l'augmentation de la consommation de produits laitiers n'apporte rien de plus.

Que faire si on ne souhaite pas consommer de laitages ?

Dans ce cas, il est nécessaire de consommer des aliments riches en protéines, calcium, potassium, magnésium, vitamine D et A. Les boissons de soja enrichies sont par exemple une bonne alternative. Cependant, sur le plan nutritionnel, le lait de vache et les boissons à base de plantes sont des aliments complètement différents, et la preuve de la valeur ajoutée en matière de santé des boissons à base de plantes n'est pas faite à ce jour.

Chez les adultes, il est démontré que la consommation de produits laitiers améliore la composition corporelle et facilite la perte de poids pendant la restriction énergétique.

Comment obtenir du calcium hors produits laitiers ?

Certaines personnes ne tolèrent pas les produits laitiers, c'est la raison pour laquelle nous conseillons une liste de sources de calcium.

Les légumes verts à feuilles, le tofu, les légumineuses, les graines de sésame, les amandes les fèves de soja, sont de bonnes alternatives dans ce cas. Les laits végétaux, les céréales pour petit-déjeuner et les jus, sont enrichis en calcium. Vérifiez les étiquettes pour en connaître la teneur.

Il est important de noter que l'absorption du calcium peut être influencée par d'autres facteurs, tels que la vitamine D, qui favorise l'absorption du calcium dans l'organisme. Assurez-vous de maintenir un équilibre nutritionnel global et, si nécessaire, envisagez de prendre des compléments alimentaires ou consultez un professionnel de la santé pour obtenir des conseils spécifiques.

Les «superaliments» sont-ils vraiment supers ?

Vous avez sans doute entendu parler des soi-disant superaliments. Ce sont certains fruits, légumes, noix et graines vantés pour leurs bienfaits supérieurs pour la santé. Par rapport à d'autres aliments, ils contiennent des quantités plus élevées de certaines vitamines et minéraux et de puissants antioxydants. Ils sont souvent associés à la lutte contre l'hypertension artérielle, le diabète, les maladies cardiaques et même le cancer.

La liste standard des superaliments comprend les baies (en particulier les myrtilles), les poissons gras, les épinards, les noix, l'huile d'olive, les légumes crucifères (brocoli, choux de Bruxelles) et les légumineuses. Au fil des ans, d'autres aliments ont été ajoutés, tels que le yogourt, les grains entiers, les épices comme le curcuma et la cannelle, les avocats et les graines de chia. Mais ces soi-disant superaliments sont-ils vraiment supérieurs aux autres aliments ?

Qualifier ces aliments de « super » relève du battage publicitaire et de l'argument de vente, mais pas de la science.

Cela ne veut pas dire que ces superaliments ne sont pas importants. Au contraire : de nombreux superaliments sont la base d'une alimentation saine.

Au cours de la dernière décennie, de nombreuses études ont exploré les avantages pour la santé de ces aliments et leur rôle dans la lutte contre les maladies. De nombreux résultats initiaux ont montré un lien étroit entre une consommation élevée de « superaliments » - en particulier les myrtilles, les noix et l'huile d'olive - et un risque plus faible d'hypertension artérielle, de maladie cardiaque, de diabète, de cancer et même de décès prématuré.

Mais bien que les superaliments soient liés à de meilleurs résultats pour la santé, les raisons exactes n'en sont pas encore éclaircies.

« Choisir une variété de superaliments que vous appréciez et les inclure dans vos repas réguliers vous aide à obtenir une grande variété de nutriments au lieu de ne surcharger que quelques-uns », déclare le docteur Hu, spécialiste de la question.

Voici une liste de superaliments courants que vous pouvez inclure dans vos super assiettes :

- Légumes crucifères (brocoli, choux de Bruxelles, chou-fleur) ;
- grains entiers (avoine, quinoa, orge) ;
- noix (noix, amandes…) ;
- poissons gras (saumon, maquereau, truite) ;

- épinard ;
- avocats ;
- huile d'olive ;
- les légumineuses ;
- myrtilles et autres baies.

Compléments multivitaminés : des liens avec le risque de cancer ?

La moitié des Américains consomment des compléments alimentaires en vue d'améliorer leur santé, et en particulier des compléments multivitaminés. Des chercheurs ont voulu clarifier le rôle potentiel de ces derniers vis-à-vis du risque de cancer.

Pour cela, ils ont utilisé les données issues d'une cohorte de près de 500 000 retraités suivis pendant une durée médiane de 15,5 ans.

Alors que les preuves en faveur d'un effet protecteur des compléments multivitaminés restent limitées, à l'exception du cancer colorectal, des risques accrus ont été observés pour différents sites de cancers (prostate, poumon, leucémie chez les hommes et de cancers oropharyngés chez les femmes). Des résultats qui ne vont pas sans rappeler les risques déjà connus des compléments contenant de fortes doses de bêta-carotène vis-à-vis du cancer du poumon chez certaines populations (fumeurs, ex-fumeurs, personnes exposées à l'amiante).

Les aliments « coup de barre » volent votre énergie !

En consommant une barre chocolatée sucrée, un donut, un soda ou une friandise sucrée, la teneur en sucre de votre sang et votre énergie montent en flèche... et chutent aussitôt. C'est le coup de barre.

Le pain blanc, le riz blanc, les pâtes raffinées et la purée fournissent également une énergie de courte durée.

- Le pain, les céréales, les pâtes comportant la mention « complet », riches en fibres, permettent une distribution progressive du sucre. Ce sont les meilleurs aliments de l'effort intellectuel et physique.
- La plupart des légumes, les noix, les graisses (oméga-3) et huile d'olive...) apportent des nutriments (Vitamine B..) nécessaires à la production de l'énergie.
- Les protéines issues de viandes maigres comme le poulet ou la dinde, les poissons gras comme le saumon, vous fournissent de l'énergie sur une longue durée.

CHANGER VOTRE MODE DE VIE

Avoir une alimentation équilibrée est la première chose à faire pour retrouver le chemin de la santé sur le long terme. Mais c'est sur votre mode de vie dans son ensemble qu'il faut réfléchir pour obtenir un changement optimal.

Éviter la télévision : le grignotage sédentaire

L'américain moyen regarde environ quatre heures de télévision par jour, une habitude qui a été liée au surpoids ou à l'obésité dans un certain nombre d'études. La National Health and Nutrition Examination Survey, une étude à long terme sur la santé des adultes américains, a révélé que les personnes en surpoids et obèses passent plus de temps à regarder la télévision et à jouer à des jeux vidéo que les personnes de poids normal. Regarder la télévision plus de deux heures par jour augmente également le risque de surpoids chez les enfants, même chez ceux qui n'ont que trois ans.

Une partie du problème réside dans le fait de regarder la télévision au lieu de faire de l'exercice ou de faire d'autres activités qui brûlent plus de calories (regarder la télévision ne brûle qu'un peu plus de calories que dormir, et moins que d'autres activités sédentaires comme la couture ou la lecture). Mais les publicités alimentaires peuvent également jouer un rôle important. L'émission télévisée moyenne d'une heure présente environ 11 publicités sur les aliments et les boissons, qui encouragent les gens à manger. Et des études montrent que manger de la nourriture devant la télévision incite les gens à manger plus, et en particulier plus de graisses. En fait, une étude qui a limité sur des enfants le nombre d'heures passées à regarder la télévision a démontré que cette pratique les aidait à perdre du poids - mais pas vraiment parce qu'ils devenaient plus actifs lorsqu'ils ne regardaient pas la télévision. Les enfants mangeaient plus de collations lorsqu'ils regardaient la télévision que lorsqu'ils faisaient d'autres activités, même sédentaires.

Allier l'hydratation et l'activité

L'eau, source de vie, doit être notre compagne constante. Hydratons-nous pour soutenir nos fonctions corporelles, stimuler notre clarté mentale et équilibrer notre énergie. L'eau est la seule boisson qui nous soit indispensable.

Activité physique

Pour la santé générale et pour éviter de nombreuses maladies, les experts recommandent au moins deux heures et demie d'activité physique modérée par semaine. Vous pouvez répartir cette durée en périodes pouvant aller jusqu'à 10 minutes. Il peut s'agir de marche rapide, de jardinage, de parties de tennis ou de travail ménager. Ou bien, si vous faites le choix d'une activité plus intense, comme la course, une heure et demie par semaine contribuera à votre santé. Pour être plus en forme ou pour perdre du poids, optez pour cinq heures d'activités physiques modérées par semaine ou pour deux heures et demie d'activités intenses. Ajoutez également un entraînement cardio et des assouplissements deux fois par semaine à cette formule. Cela vous permettra de préserver votre masse musculaire, vos os, votre endurance et votre souplesse. Les activités physiques font également baisser les taux de sucre dans le sang car les muscles ont besoin du glucose qui circule dans le sang comme énergie. Un entraînement régulier peut habituer vos muscles à mieux réagir à l'insuline, l'hormone qui signale au corps qu'il lui faut du glucose dans le sang. Maintenir de bons taux de sucre dans le sang permet de réduire le risque de diabète.

Sources

Introduction

Centers for Disease Control and Prevention. (2021). *Fast Food Consumption Among U.S. Adults and Adolescents: 2018–2019*. National Center for Health Statistics Data Brief, No. 394.

Smith, P. J., Blumenthal, J. A., & Babyak, M. A. (2010). *Dietary intake and cognitive function: evidence from the comprehensive lifestyle intervention program*. Health Psychology, 29(5), 524-532.

Jacka, F. N., Kremer, P. J., Berk, M., de Silva-Sanigorski, A. M., Moodie, M., Leslie, E. R., ... & Swinburn, B. A. (2011). *A prospective study of diet quality and mental health in adolescents*. PLoS One, 6(9), e24805.

de Araujo, J. R., & Blundell, J. E. (2016). *The influence of food palatability on satiety and satiation*. Physiology & Behavior, 162, 196-202.

Morris, M. C., Tangney, C. C., Wang, Y., Sacks, F. M., Bennett, D. A., & Aggarwal, N. T. (2015). *MIND diet associated with reduced incidence of Alzheimer's disease*. Alzheimer's & Dementia, 11(9), 1007-1014.

Dinan, T. G., & Cryan, J. F. (2017). *Gut instincts: microbiota as a key regulator of brain development, ageing and neurodegeneration*. Journal of Physiology, 595(2), 489-503.

Le fast food, un rôle croissant dans l'alimentation

Wang L, Martínez Steele E, Du M, Pomeranz JL, O'Connor LE, Herrick KA, Luo H, Zhang X, Mozaffarian D, Zhang FF. *Trends in Consumption of Ultraprocessed Foods Among US Youths Aged 2-19 Years, 1999-2018.* JAMA. 2021 Aug 10;326(6):519-530. doi: 10.1001/jama.2021.10238.

Liu J, Riesch S, Tien J, Lipman T, Pinto-Martin J, O'Sullivan A. *Screen Media Overuse and Associated Physical, Cognitive, and Emotional/Behavioral Outcomes in Children and Adolescents: An Integrative Review.* J Pediatr Health Care. 2022 Mar-Apr;36(2):99-109. doi: 10.1016/j.pedhc.2021.06.003. Epub 2021 Jul 30. PMID : 34334279

Le Fast food et le cerveau

Hecht EM, Rabil A, Martinez Steele E, Abrams GA, Ware D, Landy DC, Hennekens CH. *Cross-sectional examination of ultra-processed food consumption and adverse mental health symptoms.* Public Health Nutr. 2022 Nov;25(11):3225-3234. doi: 10.1017/S1368980022001586. Epub 2022 Jul 28. PMID: 35899785.

The Journal of the Academy of Nutrition and Dietetics

Les nouveaux modes de consommation alimentaire

Position de l'Académie de nutrition et diététique : régimes végétariens

Vesanto Melina 1, Winston Craig 2, Susan Levin 3

Thorning TK, Raben A, Tholstrup T, Soedamah-Muthu SS, Givens I, Astrup A. *Milk and dairy products: good or bad for human health? An assessment of the totality of scientific evidence.* Food Nutr Res. 2016 Nov 22;60:32527. doi: 10.3402/fnr.v60.32527. PMID: 27882862; PMCID: PMC5122229.

Weaver CM, et al. *Calcium bioavailability from high oxalate vegetables: Chinese vegetables, sweet potatoes and rhubarb.* J Food Sci. 1991 Jan;56(1):152-3.

Mangels AR, et al. *Bone nutrients for vegetarians.* Am J Clin Nutr. 2014 Jul;100 Suppl 1:469S-75S.

USDA FoodData Central. U.S. Department of Agriculture.

Weaver CM, et al. *Calcium bioavailability and its relation to steoporosis.* Proc Soc Exp Biol Med. 1992 Jun;200(2):157-60

Lim JE, Weinstein SJ, Liao LM, Sinha R, Huang J, Albanes D. *Multivitamin Use and Overall and Site-Specific Cancer Risks in the National Institutes of Health-AARP Diet and Health Study.* J Nutr. 2021 Sep 29:nxab322. doi: 10.1093/jn/nxab322.

Table des matières

Printed in Great Britain
by Amazon